essentials

essentials liefern aktuelles Wissen in konzentrierter Form. Die Essenz dessen, worauf es als „State-of-the-Art" in der gegenwärtigen Fachdiskussion oder in der Praxis ankommt. *essentials* informieren schnell, unkompliziert und verständlich

- als Einführung in ein aktuelles Thema aus Ihrem Fachgebiet
- als Einstieg in ein für Sie noch unbekanntes Themenfeld
- als Einblick, um zum Thema mitreden zu können

Die Bücher in elektronischer und gedruckter Form bringen das Expertenwissen von Springer-Fachautoren kompakt zur Darstellung. Sie sind besonders für die Nutzung als eBook auf Tablet-PCs, eBook-Readern und Smartphones geeignet. *essentials:* Wissensbausteine aus den Wirtschafts-, Sozial- und Geisteswissenschaften, aus Technik und Naturwissenschaften sowie aus Medizin, Psychologie und Gesundheitsberufen. Von renommierten Autoren aller Springer-Verlagsmarken.

Weitere Bände in dieser Reihe http://www.springer.com/series/13088

Leonard Bartosch · Julia Baule
Felipe Castrillón · Dinah Spitzley

Ziel- und Leistungsorientierung

Praxiswissen für die Führungsaufgabe

Leonard Bartosch
Eichstätt, Deutschland

Julia Baule
Überlingen, Deutschland

Felipe Castrillón
Friedrichshafen, Deutschland

Dinah Spitzley
Vallendar, Deutschland

ISSN 2197-6708   ISSN 2197-6716   (electronic)
essentials
ISBN 978-3-658-16881-0   ISBN 978-3-658-16882-7   (eBook)
DOI 10.1007/978-3-658-16882-7

Die Deutsche Nationalbibliothek verzeichnet diese Publikation in der Deutschen Nationalbibliografie; detaillierte bibliografische Daten sind im Internet über http://dnb.d-nb.de abrufbar.

Springer Gabler
© Springer Fachmedien Wiesbaden GmbH 2017

Springer Gabler ist Teil von Springer Nature
Die eingetragene Gesellschaft ist Springer Fachmedien Wiesbaden GmbH
Die Anschrift der Gesellschaft ist: Abraham-Lincoln-Str. 46, 65189 Wiesbaden, Germany

Was Sie in diesem *essential* finden können

- Führende Konzepte der englisch- und deutschsprachigen Literatur zur leistungsorientierten Führung
- Praktische Fallbeispiele und Handlungsempfehlungen
- Praktisch umsetzbare betriebswirtschaftliche Modelle der leistungsorientierten Führung
- Eine Einführung in rechtliche Handlungsrahmen innerhalb Deutschlands
- Interventionskonzepte der leistungsorientierten Führung

Vorwort zu „Praxiswissen für die Führungsaufgabe"

Es gehört zum Selbstverständnis der Zeppelin Universität, Friedrichshafen, die Forschung in die Lehre zu integrieren. „Die Zukunft des Managements" ist eines der Schwerpunkte der interdisziplinären Forschung an der Zeppelin Universität. In den Masterprogrammen aller Fakultäten zwischen Wirtschaft, Kultur und Politik werden Kurse zu „Leadership" angeboten. In dem von mir betreuten Kurs im Frühjahr-Semester 2015 entwickelten die etwas über 30 Kommilitoninnen und Kommilitonen ihr eigenes Forschungsprogramm. Die Aufgabenstellung bestand darin, vom Standpunkt einer pragmatischen Forschung aus für die Berufsanfänger und -aufsteiger Erfahrungen aufzubereiten, die ihnen hilfreich sein können, die Rolle einer oder eines Vorgesetzten zu bewältigen. Dabei schwebte uns nicht vor, die so reichhaltige Berater-Literatur „Wie werde ich Chef oder CEO" zu ergänzen. Der Modellfall der Führungskraft, die wir vor Augen haben, ist die Leiterin oder der Leiter einer Abteilung mit mehreren Mitarbeitern, die oder der selbst eine vorgesetzte Person hat. Unsere Führungskraft gehört zum Mittelbau, der bekanntlich das Rückgrat jeder Organisation ist, der aber auch eine schwierige Stellung zwischen den Wünschen der Mitarbeiter und dem Leistungsdruck „von oben" hat.

Die Themen, die behandelt werden sollten, wurden von mir – aus der Sicht des Bedarfes in der Praxis – vorgegeben. Die Aufgabenstellung bestand darin, in einer Meta-Analyse die Literatur dahin gehend zu sichten, welche vermittelbaren Erfahrungen daraus gewonnen werden können. Dabei waren die Theorien, die zur Allgemeinbildung einer Führungskraft gehören sollten, aufzubereiten. Darüber hinaus sollte aber auch die Experten-Literatur herangezogen werden. Natürlich galt es, den Stand der Forschung zur Rezeption der Theorien zu referieren und den Geltungsbereich von Expertenempfehlungen kritisch zu würdigen.

Aus praktischen Gründen wurde jedes Thema von zwei Gruppen bearbeitet, von denen eine die anglo-amerikanische Literatur und die andere die deutschsprachige Literatur durcharbeitete. Beide Arbeiten zu dem Thema sind in diesem Band zu einem Text zusammengeführt. Für die Ausarbeitung wurde ein einheitlicher Rahmen vorgegeben. Dieser Rahmen verlangt, dass die BearbeiterInnen in der Zusammenfassung – durchaus aus ihrer subjektiven Sicht – dem Leser drei bis sechs Verhaltensempfehlungen und circa sechs Literaturempfehlungen zur vertiefenden Literatur geben. Die Artikel werden hier so veröffentlicht, wie sie von den Studenten – eventuell nach Berücksichtigung von Korrekturanregungen – geschrieben worden sind.

Diese Arbeiten stellen wir nun unseren idealen Lesern vor: den aufstrebenden Mitgliedern in einer wirtschaftlichen, kulturellen oder staatlichen Organisation, die sich auf eine Führungsposition vorbereiten möchten. Wir wollen ihnen solides Wissen und brauchbare Wegleitungen für das Selbststudium anbieten. Ich selbst hätte mir zum Beginn meiner beruflichen Laufbahn eine solche breitere Übersicht gewünscht.

Dr. Hermut Kormann
Honorar-Professor
Zeppelin Universität
Strategie und Governance von
Familienunternehmen
Friedrichshafen, Deutschland

Einleitung

Im Rahmen eines Lernprogramms für praktisches Führungswissen gibt es einige große und komplexe Themenbereiche, die sich die angehende Führungskraft nur stufenweise erarbeiten kann. Hierzu gehört die in diesem Beitrag erarbeitete Übersicht zu der Leistungsorientierung im Führungsverhalten, deren Gegenpol, der Mitarbeiterorientierung, sowie den Instrumenten zur Verfolgung der Leistungsorientierung. Dieser Beitrag referiert die geschichtliche Entwicklung der in den USA begründeten Forschung und der Beiträge der deutschen Führungspraxis zu dieser Thematik. Damit werden Grundlagen gelegt, die in späteren Beiträgen über Motivationskonzepte fortzuführen und zu vertiefen sind.

Die Untersuchungen darüber, wovon die Leistung der Mitarbeiter abhängt, begann in den Bereichen der Routinearbeiten. Sie wurden aber rasch erweitert auf die Mitarbeiter in den „oberen Rängen" der Organisation bis hin zu den Incentivsystemen für die Geschäftsführung und die obersten Führungskräfte. Die Autoren stellen in eingängigen Metaphern heraus, dass die Führung grundsätzlich sowohl auf die Erfordernisse der Mitarbeiter als auch auf die Verfolgung der Leistungsziele orientiert sein muss und beide Einflussbereiche im situativen Kontext immer wieder unterschiedliches Gewicht haben. Nach Jahrzehnten der zunehmenden Bedeutung finanzieller Anreize – nicht nur für die obersten Führungsebenen, sondern in allen Hierarchiebereichen – werfen neuere Forschungen zur intrinsischen Motivation, aber auch neuere Vorstellungen zu wünschenswerten Organisationsformen für kreative Arbeiten die Frage nach den gebotenen Orientierungen und den zweckmäßigen Instrumenten neu auf. Eine Führungskraft wird hier zu lebenslangem Lernen verpflichtet sein. Die Kenntnis der Anfänge ist hierfür eine notwendige Grundlage.

Dr. Hermut Kormann
Honorar-Professor
Zeppelin-Universität
Strategie und Governance von Familienunternehmen

Inhaltsverzeichnis

Empirische Forschung zur Wirksamkeit von Führungsverhalten in Nordamerika

1

Was ist gute Führung und wie sollte sich eine Führungskraft verhalten? Bis in die 50er Jahre schien diese Frage leicht zu beantworten zu sein. Es herrschte der Glaube vor, dass es sich bei guter Führung um eine angeborene Eigenschaft handle. Man nahm und nimmt auch heute stellenweise noch an, dass sich geborene charismatische Führer im Sinne Max Webers von selbst im Laufe der Zeit durchsetzen. Von George Washington bis Steve Jobs werden „große Führer" bis heute als Erfolgsgarant für Organisationen angesehen. Die Schulung einer solchen Führungskraft wäre erfolglos, da es sich ja um eine pränatale Prägung handelt.

Diesem Denken widersprachen in der US-amerikanischen Literatur Fleishman und Rensis Likert mit den Ohio State Leadership Studies und den Michigan Leadership Studies. Sie wollten erfolgreiche Führungsstile wissenschaftlich evaluieren. Aufbauend auf den Ergebnissen dieser beiden Studien versuchten Blake und Mouton 1964 aufgabenorientierte und mitarbeiterorientierte Führungsstile mithilfe des sogenannten Managerial Grids zu kartografieren, um gute Führung lernbar zu machen. Führung entwickelte sich zu einem mehrdimensionalen Konzept, das an bestimmte Verhaltensweisen gebunden und durchaus erlernbar ist.[1]

Die Wirkung verschiedener Führungsstile auf den Erfolg einer Organisation ist Gegenstand vieler Studien. Aufgrund mangelnder prognostischer Validität konnte sich in der Theorie bis heute kein Führungsstil herausstellen, der den Anspruch hegt, der „richtige" zu sein. Die mangelnde Validität fußt auf mehreren methodischen wie inhaltlichen Problemen. Es ist nicht möglich, die Effektivität von guter Führung zu messen, ohne die Motivation des Mitarbeiters zu betrachten. Diese wird jedoch von verschiedenen intrinsischen und extrinsischen Faktoren mitbeeinflusst.

---

[1]Vgl. Yukl (2010).

© Springer Fachmedien Wiesbaden GmbH 2017
L. Bartosch et al., *Ziel- und Leistungsorientierung,* essentials,
DOI 10.1007/978-3-658-16882-7_1

Die Ohio State Leadership Studies

Während der 1950er Jahre war die Ohio State University einer der wichtigsten Akteure in der Leadership-Forschung. Hier setzten Fleishman, Haplin, Winer, Hemphill, Coons und andere den Fokus nicht – wie zuvor üblich – auf qualitative Forschung oder theoretische Überlegungen, sondern auf quantitative Forschung. Mithilfe von Fragebögen wollten sie relevantes Führungsverhalten bestimmen.[1]

2.1 Der Leader Behavior Description Questionnaire

Ausgangspunkt des Leader Behavior Description Questionnaires (LBDQ) war eine Arbeit von Hemphill aus dem Jahre 1949.[2] Darauf aufbauend identifizierten die Autoren der LBDQ ca. 1800 Führungsverhalten und wählten anschließend die ihrer Meinung nach 150 relevantesten aus. Ziel war es zu testen, wie und wie oft sie in der Realität angewandt werden. Gegenstand der Studien waren militärische und zivile Führungspersönlichkeiten.[3]

2.2 Methodik

LBDQ sind Fragebögen, welche die Führungspersönlichkeit als auch den Mitarbeiter einbeziehen. In einem Fragebogen soll sich die Führungspersönlichkeit bezüglich ihres Führungsstils selbst einschätzen. Der Mitarbeiterfragebogen

---

[1]Vgl. Shartle (1979).
[2]Vgl. Hemphill (1949).
[3]Vgl. Yukl (2010).

© Springer Fachmedien Wiesbaden GmbH 2017
L. Bartosch et al., *Ziel- und Leistungsorientierung,* essentials,
DOI 10.1007/978-3-658-16882-7_2

hingegen gliedert sich in zwei separate Fragebögen, welche zum einen den „idealen" und zum anderen den tatsächlichen Führungsstil evaluieren sollen.

Jeder dieser Fragebögen besteht aus 100 Statements, deren Richtigkeit auf einer Skala von eins bis fünf angekreuzt wird. In der anschließenden Auswertung werden diese in zwei Kategorien zusammengefasst: Consideration (rücksichtsvolle Führung) und Initiating Structure (leistungsorientierte Führung). Später wurden von Stogdill noch zehn weitere Kategorien vorgeschlagen, jedoch benutzen die meisten Forscher weiterhin lediglich die zwei genannten Kategorien.[4] *Rücksichtsvolle Führung* versucht sich auf den Mitarbeiter einzulassen. Im Fokus steht die persönliche Beziehung, den Mitarbeiter als gleichberechtigten Partner zu behandeln. *Leistungsorientierte Führung* hingegen orientiert sich ganz klar an Zielen. Dem Mitarbeiter werden klare Strukturen und Regeln zur Erfüllung der Aufgabe vorgegeben Typisch für diese Art von Führung ist das Festlegen von Performance Standards, Fristen und Standardverfahren.[5]

2.3   Ergebnisse

Bis in die 1970er Jahre gab es mehrere Studien, die meinten, einen Zusammenhang zwischen leistungsorientierter bzw. rücksichtsvoller Führung und der Effektivität von Führungspersönlichkeiten herstellen zu können. Fleishman und Harris stellten z. B. 1962 einen negativen Zusammenhang zwischen rücksichtsvoller Führung und Fluktuationsrate fest. Gegensätzliches konnten sie anhand ihrer Daten, welche sie mit dem LBDQ generiert hatten, für leistungsorientierte Führung und Fluktuationsrate behaupten. Allerdings stellten sie fest, dass sich der Effekt nach Überschreitung gewisser Grenzwerte nicht mehr nachweisen ließ.[6] [7]

In den folgenden Jahren waren die Ohio State Studies immer intensiverer Kritik ausgesetzt. So sah z. B. Yukl 1998 nur einen schwachen, inkonsistenten Zusammenhang zwischen den beiden Führungsstilen und der Effektivität von Führungskräften.[8]

---

[4]Vgl. Fleishman et al. (1956); Yukl (2010); Halpin und Winer (1957).

[5]Vgl. Skinner (1969); Stogdill (1963); Stogdill (1959).

[6]Vgl. Fleishman und Harris (1962).

[7]Siehe auch Lowin, A., Hrapchak, W. J. und Kavanagh, M. J. (1969). Consideration and Initiating structure: An experimental investigation of leadership traits, *Administrative Science Quarterly,* 14, 238–253; House, R. J., Filley, A. C. und Kerr, S. (1971). Relation of Leader Consideration and Initiating Structure to R and D Subordinates' Satisfaction. Ibid., 16, 19–30.

[8]Vgl. Yukl (2010).

Northouse sprach von keiner Verbindung zwischen den angesprochenen Führungsstilen und Ergebnissen.[9] Am umfassendsten war allerdings die sowohl methodologische als auch begriffliche Kritik Kormans an der Theorie. Der Autor kritisierte, dass sowohl Vorhersage als auch Bewertungskriterien von den gleichen Personen festgelegt wurden.[10] Er behauptete, dass die überwiegende Mehrheit der zum Zeitpunkt des Artikels erschienenen Studien keinen Zusammenhang zwischen den oben genannten Führungsstilen und dem Verhalten der Mitarbeiter beweisen könne. Ein weiterer Kritikpunkt Kormans ist die mangelnde Überprüfung auf Situationsvariablen, welche in den meisten Studien fehle. Zusätzlich sei es gewagt, ohne weitere Überprüfung einen linearen Zusammenhang zwischen „Führungsstil und der Effektivität" der Führungskraft zu stipulieren. Auch ein nichtlinearer Zusammenhang sei durchaus möglich.[11]

Nach der umfassenden Kritik Kormans und weiterer Forscher verringerte sich die Anzahl der Studien, die mithilfe des LSDQ durchgeführt wurden. In der aktuellen Literatur wird die Kategorisierung von Führungsstilen in leistungsorientierte und rücksichtsvolle Führung größtenteils nur noch historisch betrachtet.

Dennoch versuchten die Autoren Judge, Piccolo und Illies im Jahre 2004 eine Wiederbelebung der Theorie.[12] Hierzu führten sie eine Meta-Analyse von 457 Untersuchungen durch, die sich mit dem Einfluss rücksichtsvoller und leistungsorientierter Führung auf die Ergebnisse von Führung beschäftigten. Aufbauend auf den Daten dieser Analyse stellen sie mehrere Behauptungen auf, unter anderem:

- Rücksichtsvolle Führung geht, im Vergleich zu leistungsorientierter Führung, mit einer höheren Zufriedenheit und Motivation der Mitarbeiter einher
- Leistungsorientierte Führung steigert die Performance der Führungsperson
- Rücksichtsvolle und leistungsorientierte Führung haben einen starken Einfluss auf die Effektivität der Führungskraft, allerdings ist der Einfluss bei rücksichtsvoller Führung stärker[13]

Allerdings hat dieser Versuch der Wiederbelebung der besagten Theorieansätze (noch) keinen entsprechenden Widerhall in neuen Veröffentlichungen gefunden.

---

[9]Vgl. Northouse (1997).

[10]Vgl. Korman (1966).

[11]Vgl. Korman (1966).

[12]Vgl. Judge et al. (2004).

[13]Vgl. Judge et al. (2004).

Dennoch wäre es an dieser Stelle leichtsinnig, die zuvor vorgestellten Ergebnisse aufgrund der angeführten Kritik vollends fallen zu lassen. Die Ohio State Leadership Studies können uns aufgrund ihrer angesprochenen Schwächen vielleicht keine Roadmap geben, doch sind sie durchaus in der Lage, uns die Richtung aufzuzeigen.

2.4   Praktische Handlungsempfehlungen

Was können Führungskräfte von den Ohio State Leadership Studies lernen? Zunächst einmal, dass gute Führung sowohl leistungsorientiert als auch rücksichtsvoll sein muss. Wie zuvor bereits angemerkt wurde, lassen die Effekte der verschiedenen Führungsziele nach Überschreiten eines gewissen Grenzwertes auf ein nichtsignifikantes Niveau nach. Die Kunst der guten Führung liegt darin, die richtige Mischung aus den beiden Konzepten zu finden. Erschwerend kommt allerdings hinzu, dass dies keine einmalige Entscheidung ist, die nach einer gründlichen Betrachtung der Umstände für alle Zeiten gültig getroffen werden kann. Vielmehr muss sie einer ständigen Selbstevaluierung unterliegen. Denn eine der essenziellen Erkenntnisse der Ohio State Leadership Studies ist, dass der richtige Führungsstil – also der angebrachte Mix aus leistungsorientierter und rücksichtsvoller Führung – situationsabhängig ist. Ein guter Führungsstil ist nicht ein-, sondern mehrdimensional, denn je nach Beschaffenheit der Aufgabe, der Gruppe der Geführten oder anderer Umstände kann eine andere Art von Führungsstil erfolgreich sein.[14]

Zusammenfassend lässt sich über gute Führung vielleicht am meisten in einer Metapher sagen. Sie ist wie eine Wild-Wasser-Rafting-Tour. Die beiden Ufer stellen eine rein leistungsorientierte bzw. eine absolut rücksichtsvolle Führung dar. Es empfiehlt sich, einen gewissen Abstand zu beiden Ufern zu halten. Doch ist es nicht möglich, den Abstand dauerhaft konstant zu halten, da im Laufe der Zeit, wenn die Strömung das Boot – mal schneller, mal langsamer – flussabwärts treibt, Hindernisse auftauchen, die umschifft werden müssen, indem man sich einem der beiden Ufer nähert. Die entscheidende Eigenschaft eines guten Führers ist also nicht ein persönlicher guter Führungsstil – egal ob angeboren oder angeeignet –, sondern die Bereitschaft, seinen Führungsstil situationsbedingt anzupassen, um die Mitarbeiter zum Erfolg zu führen.

---

[14]Vgl. Schriesheim und Bird (1979).

Michigan Studies of Leadership 3

Dieses Kapitel beschäftigt sich mit der Führungstheorie an der University of Michigan; der Forschungsschwerpunkt liegt insbesondere auf dem Effekt des Führungsverhaltens auf kleine Gruppen. Zukünftige Führungspersonen lernen im Folgenden die Ergebnisse und Schlüsse der Forschung der Michigan Studies of Leadership kennen.

Angeführt von den Organisationspsychologen Likert, Katz, Kahn, Maccoby und Morse knüpfte die Führungstheorie zeitgleich in den 1950er Jahren an die der Ohio State University an. Das Forscherteam untersuchte die Beziehung zwischen dem Führungsverhalten und der Produktivität der Mitarbeiter und deren Zufriedenheit. Es wurden drei Formen der effektiven Führung identifiziert, von denen zwei bereits aus Studien der Ohio State University bekannt waren und berücksichtigt wurden.[1]

3.1 Ergebnisse eines frühen Fallbeispiels

Eine der ersten Studien wurde mit der „Prudential Life Insurance Company" durchgeführt. Mithilfe von Interviews und Fragebögen sollten hochproduktive Gruppen und unproduktive Gruppen, welche dieselben Fähigkeiten und denselben Hintergrund aufwiesen, identifiziert werden. Daraufhin wurden die Führungskräfte und deren Verhalten gegenüber den produktiven und unproduktiven Gruppen untersucht. Das Forscherteam aus Michigan ermittelte zwei Führungsdimensionen: Produktionsorientierung und Mitarbeiterorientierung (auch Mitarbeiterzentrierung genannt).

Mitarbeiterorientierte Führungskräfte investierten mehr Zeit in Führungsaktivitäten und weniger in operative Aktivitäten, die z. B. von untergeordneten Mitarbeitern

---

[1]Vgl. Yukl (2010).

© Springer Fachmedien Wiesbaden GmbH 2017
L. Bartosch et al., *Ziel- und Leistungsorientierung*, essentials,
DOI 10.1007/978-3-658-16882-7_3

ausgeführt wurden. Es bestand eine persönlichere Beziehung zwischen der Führungskraft und dem Mitarbeiter, Ziele des Mitarbeiters wurden ernst genommen und Fehler bei der Arbeit weniger hart bestraft. Somit hatten die Mitarbeiter das Gefühl, ihr Vorgesetzter habe Interesse an ihrer Arbeit und unterstütze sie.

Den Gegenpol zu den mitarbeiterorientierten Führungskräften stellten zu Beginn der Forschung die leistungsorientierten Führungskräfte dar. In den ersten Studien der Michigan-Forschergruppe verstand man die beiden Dimensionen als gegensätzliche Enden eines einzelnen Kontinuums, sodass sie nur abhängig voneinander, in einer Austauschbeziehung, auftreten konnten. Später schloss sich die Forschergruppe der Ohio-Annahme an, dass beide Dimensionen unabhängig voneinander auftreten könnten.

Produktionsorientierte Führungskräfte stellten, wie angedeutet, das Gegenteil dar. Diese Führungskräfte übernahmen z. T. ähnliche Aufgaben wie ihre untergeordneten Mitarbeiter. Daraus resultierten eine nahe Überwachung und eine härtere Bestrafung bei Fehlern. Die Mitarbeiter standen unter Druck und fühlten sich wie Produktionsmittel; dies führte zu einer geringeren Produktivität.[2]

Die Studie der „Prudential Life Insurance Company" reiht sich somit in die Human-Relation-Bewegung in der Organisationstheorie ein. Anhand dieses Beispiels wird für Führungskräfte ersichtlich, dass für eine Produktivitätssteigerung eine persönliche Beziehung mit den Mitarbeitern förderlich ist. Führungskräfte waren daraufhin gefordert, eine höhere Mitarbeiterorientierung in ihrem Verhalten zu verankern.

Im Weiteren untersuchen wir die genannten Verhaltensweisen genauer, darüber hinaus wird in eine dritte Verhaltensweise eingeführt, das partizipative Führungsverhalten nach Likert. Die partizipative Führung entstammt der Entwicklung der vierteiligen Typologie der Führungsstile. Diese Typologie erweitert die Dichotomie zwischen Leistungs- und Mitarbeiterorientierung um den Grad der Beteiligung der Arbeitnehmer an der Entscheidungsfindung und die Art der Kommunikation mit der Führungsperson.[3]

3.2   Drei Führungsverhaltensweisen der Michigan-Studien

Die Felduntersuchungen in Industrie und Verwaltung brachten zwei wesentliche Führungsverhalten hervor. Die erhobenen Führungsstile, Mitarbeiter- und Leistungsorientierung, lassen sich nach den ersten Studien auf ein eindimensionales

---

[2]Vgl. Warrick (1981).

[3]Vgl. Likert (1967).

Kontinuum übertragen. Auf Grundlage der Studien nach Likert wurde ein drittes Führungsverhalten erhoben, die sogenannte partizipative Führung. Im Folgenden werden die drei Führungsverhaltensweisen unter Effizienzgesichtspunkten unterschieden und analysiert[4]:

Mitarbeiterorientierung Bei diesem Führungsverhalten werden zwischenmenschliche Beziehungen betont. Der Mitarbeiter wird als Individuum mit eigenen Bedürfnissen und Zielen wahrgenommen. Dieses Verhalten entspricht in den Ohio-Studien dem Konzept der rücksichtsvollen Führung.

Leistungsorientierung Technische und Leistungsaspekte der Aufgabe werden betont. Die Mitarbeiter sind Mittel zum Erreichen des Organisationszieles. Effiziente Führungskräfte beschäftigten sich nicht ausschließlich mit der gleichen Art von Arbeit wie ihre Mitarbeiter. Ihre Aufgaben enthalten Planungs- und Dispositionsarbeit, die Koordination der Aktivitäten und die Bereitstellung der erforderlichen Ressourcen. Führungskräfte formulieren mit Mitarbeitern Aufgaben und Ziele, die anspruchsvoll und erreichbar sind.

Partizipative Führung Effiziente Führungskräfte überwachen insbesondere die Gruppenaktivitäten, anstatt jeden Mitarbeiter einzeln zu betrachten. Gruppentreffen erleichtern die Teilnahme der Mitarbeiter an Entscheidungsfindungen und verbessern die Kommunikation, die Kooperation und die Konfliktlösung innerhalb der Gruppe. Die Rolle der Führungskraft besteht darin, die Gruppentreffen zu leiten und zu unterstützen, damit ein konstruktiver Rahmen gewährleistet ist. Die partizipative Führung bedeutet nicht, dass die Führungskraft die Verantwortung für Entscheidungen abgibt. Das Ziel der partizipativen Führung ist es, ein zusammenarbeitendes und geschlossenes Team aufzubauen.[5]

Die partizipative Führung stellt insofern eine Erweiterung der Ohio State Leadership Studies dar.

---

[4]Vgl. Likert (1967).
[5]Vgl. Yukl (2010).

Managerial Grid nach Blake und Mouton

4

Auf Grundlage der Verhaltensdimensionen für die Führung der Universitäten in Ohio und Michigan stellten Blake und Mouton 1964 erstmals ihr „Managerial Grid" (engl. für „Führungsgitter") vor. Die Achsen des Modells stellen die Orientierung der Führungskraft an der Aufgabe und/oder an den Mitarbeitern dar.

Eine strikte Ausrichtung nach vorgegebenen Unternehmenszielen und bestimmten Umsatzzahlen kann unter eine starke Aufgabenorientierung gefasst werden. Eine starke Mitarbeiterorientierung zeigt sich z. B. daran, dass die Aufgaben in einem Team nach den spezifischen Fähigkeiten oder Interessen der einzelnen Mitarbeiter verteilt werden. Die Herleitung eines Führungsstils ergibt sich aus der Kombination der Dimensionen, welche in eine 9er-Skala unterteilt sind.[1] Die wichtigsten Führungsstile befinden sich jeweils an den Extremen bzw. den Ecken des Modells und in der Mitte.[2]

1/1-Führungsstil, Impoverished Management Überlebensmanagement, geringstmögliche Einwirkung auf die Arbeitsleistung und auf die Menschen.

9/1-Führungsstil, Authority-Compliance-Management Befehlsmanagement, wirksame Arbeitsleistung wird erzielt, ohne dass viel Rücksicht auf zwischenmenschliche Beziehungen genommen wird.

1/9-Führungsstil, Country-Club-Management Vereinsmanagement, sorgfältige Beachtung der zwischenmenschlichen Beziehungen führt zu einer bequemen und freundlichen Atmosphäre und zu einem entsprechenden Arbeitstempo.

---

[1]Vgl. Hecker (2011).

[2]Vgl. McKee et al. (2012); Blake und Mouton (1964).

© Springer Fachmedien Wiesbaden GmbH 2017
L. Bartosch et al., *Ziel- und Leistungsorientierung,* essentials,
DOI 10.1007/978-3-658-16882-7_4

5/5-Führungsstil, Middle of the Road Humanes Organisationsmanagement, genügend Arbeitsleistung möglich durch das Ausbalancieren der Notwendigkeit zur Arbeitsleistung und zur Aufrechterhaltung der zu erfüllenden Arbeitsleistung.

9/9-Führungsstil, Team-Management Hohe Arbeitsleistung von begeisterten Mitarbeitern. Verfolgung des gemeinsamen Zieles führt zu gutem Verhalten.

Der 9/9-Führungsstil wird von Blake und Mouton als vorteilhaft betrachtet. Die Forschungsergebnisse wurden im Rahmen eines Führungstrainings für das Unternehmen Exxon Mobil entwickelt. Zur nachhaltigen Umsetzung des favorisierten Stils schlagen Blake und Mouton ein mehrstufiges Phasenprogramm vor. Die Präferenz eines Führungsstils unterstreicht den normativen Charakter des Modells. Des Weiteren wird häufig die Kritik angeführt, dass es durch die hohen Anforderungen zu einer Überforderung der Vorgesetzten kommen könnte. Blake und Mouton verweisen auch auf mögliche Interdependenzen zwischen den Führungsstilen und auf die Kombination mehrerer Stile bzw. einen Opportunisten, der verschiedene Stile je nach persönlichem Vorteil einsetzt.[3] Das Managerial Grid eignet sich als Diagnoseinstrument für die persönliche Motivation einer Führungskraft.

---

[3]Vgl. Hecker (2011).

Zusammenfassung und praktische Relevanz der amerikanischen Forschung

5

Was ist gute Führung und wie sollte sich eine Führungskraft verhalten? Diese Fragen greifen die hier herausgestellten empirischen Forschungsprogramme der Universitäten in Ohio und Michigan auf. Die Forschungsfrage, wie Leistungsorientierung sichergestellt werden kann und inwieweit die Mitarbeiterorientierung unterstützend wirkt oder die Leistung abschwächt sowie die hierauf gerichteten Forschungsprogramme, gingen in den Kanon der Lehre zu „Leadership" ein. Die hier behandelten Forschungsprogramme werden auch in den heutigen Lehrbüchern – z. B. Yukl (2010) – referiert. (Zu den Empfehlungen zur deutschen Literatur siehe Kap. 9).

In der Zusammenfassung schält sich das Ergebnis heraus, dass gute Führung und auch die auf „Leistung" zielende gute Führung sowohl von Leistungsorientierung wie auch von Mitarbeiterorientierung geleitet sein muss. Um dies zu illustrieren, eignet sich die bereits angeführte Metapher des Wild-Wasser-Raftings. Die Metapher kann gleichermaßen auf die Studien beider Universitäten angewandt werden, wenngleich somit die partizipative Führung nach Likert zunächst ausgeklammert wird. In einem strömenden Fluss, in dem Gesteinsbrocken Hindernisse für die Insassen eines Bootes sind, muss sich das Boot bewegen können bzw. sich situativ-variabel anpassen. Ähnlich verhält es sich mit Führungskräften. Die vorgestellten Theorien und Modelle identifizieren die zwei Dimensionen, die als richtungweisende Verhaltensweisen angesehen werden können. Leistungsorientierung und rücksichtsvolles Führen/Mitarbeiterorientierung sind die richtungsweisenden Ufer in der Metapher (siehe Abb. 5.1).

Die Abbildung verweist auf die Variabilität der Verhaltensweisen von Führungskräften, um verschiedene Situationen zu meistern. Unter Berücksichtigung des Managerial Grids und des optimalen 9/9-Führungsstils könnte – unter hohem Aufwand der Führungskraft – eine geschmeidige Fahrt durch den Fluss gelingen.

© Springer Fachmedien Wiesbaden GmbH 2017

L. Bartosch et al., *Ziel- und Leistungsorientierung,* essentials,

DOI 10.1007/978-3-658-16882-7_5

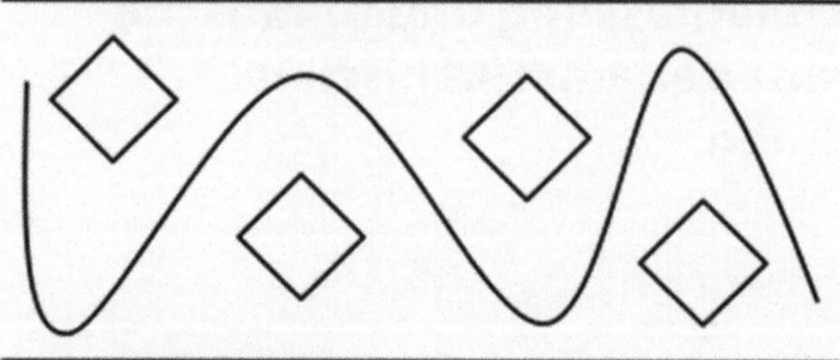

Abb 5.1 Variabilität der Verhaltensweise von Führungskräften. (Quelle: Eigene Darstellung)

Dies führt zu der Erkenntnis, dass Führungskräfte, unter der Berücksichtigung der vorliegenden Literatur, mit einer variablen Balance zwischen beiden Dimensionen agieren sollten. Nachhaltig sollten beide Dimensionen so gut wie möglich ausgearbeitet werden, um mit den Mitarbeitern eine Produktivitätssteigerung zu erreichen. Leistungsorientierte Führung sollte von Beginn an nicht isoliert betrachtet und angewandt werden; der rücksichtsvolle und humanzentrierte Umgang mit Menschen muss für gute Führung Teil des Führungskonzepts sein.

Leistungsorientierte Führung in Deutschland

6

Ein rohstoffarmes Land wie Deutschland belegt Jahr für Jahr Spitzenpositionen im Bereich des Exportüberschusses. Diese weltweite Wettbewerbsfähigkeit wird im Ausland u. a. auf die hochwertigen Produkte, aber auch auf den Fleiß, die Disziplin und das Qualitätsbewusstsein der deutschen Mitarbeiter zurückgeführt. Hängt dies mit der Führung in deutschen Unternehmen zusammen? Welche Beiträge zur Führungspraxis gibt es in der deutschen Fachliteratur? Gibt es – plakativ ausgedrückt – leistungsorientierte Führung *made in Germany?*

Spezifisch „deutsche" Einflüsse ergeben sich aus den rechtlichen und tarifvertraglichen Rahmenbedingungen, in denen sich die Kultur der Beziehungen zwischen den „Sozialpartnern" Arbeitgeber und Arbeitnehmerorganisationen widerspiegelt. Diese Beziehungen haben sich in der Zeit nach dem Zweiten Weltkrieg entwickelt und sich letztlich auch darin bewährt, dass Deutschland bisher die Herausforderungen der Globalisierung bewältigt hat. Ein weiterer – nicht so auffälliger – Einfluss ist die deutsche Kultur des Denkens und Arbeitens der Ingenieure. Sie zeigt sich in dem Bemühen, auch für den Bereich der Führung Grundlagen durch Normierung zu schaffen. Sie bewährt sich aber auch in der Übernahme fortschrittlicher Führungskonzepte im Bereich der Fertigung bzw. – breiter – der Leistungserstellung aus Japan.

Führung als eine zielgerichtete Beeinflussung von Menschen, um Unternehmensziele zu erreichen, wird maßgeblich durch den kulturellen Kontext geprägt, in dem die Führungskräfte wie die Mitarbeiter stehen. Deutsche Unternehmenskulturen sind charakterisiert durch eine starke Kunden- und Leistungsorientierung, wobei sich Erstere vor allem durch Qualität ausdrückt.[1] Die Leistungsorientierung

---

[1]Vgl. Hauser et al. (2008, S. 22).

© Springer Fachmedien Wiesbaden GmbH 2017
L. Bartosch et al., *Ziel- und Leistungsorientierung*, essentials,
DOI 10.1007/978-3-658-16882-7_6

beruht laut der Globe-Studie[2] auf einer starken Aufgabenorientierung im Verhältnis zu einer schwächeren Personalorientierung.[3] Das Defizit an Personalorientierung wird durch starke Interessenvertretungen und arbeitnehmerfreundliche Gesetzgebungen in Ansätzen ausgeglichen. Auf diese Weise wird dem Bedürfnis der Unsicherheitsvermeidung im deutschen Kulturkreis Rechnung getragen.[4] Zusätzlich werden Anreizsysteme eingesetzt, um die Mitarbeitermotivation zu steigern und gewünschte Leistungen zu erhalten.

Zunächst zum Verständnis von Leistungsorientierung: Dem sehr vielfältig definierbaren Leistungsbegriff werden in diesem Kontext zwei Teilaspekte zugeordnet: Leistungsverhalten und Leistungsergebnis. „Leistung impliziert Leistungsverhalten und Arbeitsergebnis. Sie verdeutlicht sich darin, wie eine Arbeit verrichtet wird und mit welchem Ergebnis."[5] Hierbei ist wichtig zu verstehen, dass Leistung an sich ein „hypothetisches Konstrukt"[6] ist, welches über Indikatoren erfasst werden kann. Diese Indikatoren sind entweder messbar und damit objektiv oder sie werden (individuell) beurteilt und sind damit subjektiv. In jedem Fall ist deren sorgfältige Auswahl essenziell, denn durch sie wird die Leistung erst bewertbar. Leistungsverhalten im Sinne von Potenzial- und Prozessorientierung sowie die Orientierung am Leistungsergebnis können auch unter dem Begriff Performance zusammengefasst werden.[7]

Auf Unternehmensebene gibt es eine große Anzahl von Konzepten zur Leistungserfassung. Allen ist gemeinsam, dass sie der Definition von Unternehmenszielen dienen. Als Abteilungsleiter steht die Führungskraft vor der Herausforderung, diese Unternehmensziele in Abteilungs- und Einzelziele für die eigenen Mitarbeiter zu übersetzen und deren Leistungsverhalten für die Zielerreichung zu steuern. Im Folgenden werden schwerpunktmäßig Modelle vorgestellt, die Anwendung in produktionsorientierten Bereichen finden, sei es auf Unternehmens- oder Abteilungsebene. Gerade dort geben Gesetze und Regularien wie Betriebsvereinbarungen den Rahmen vor, in dem die Führungskraft mithilfe von Interventionskonzepten auf die Mitarbeiter leistungsstimulierend einwirken kann.

---

[2]Die Globe-Studie untersucht Zusammenhänge zwischen nationaler Kultur, Unternehmenskultur und Führungsstilen/-techniken.

[3]Die Führungsforschung unterscheidet generell zwischen einem aufgabenorientierten (im Sinne von leistungsorientierten) und einem personalorientierten Verhaltenstyp.

[4]Vgl. Brodbeck (2008, S. 35 ff.).

[5]Bieding (1979, S. 157).

[6]Becker (1998, S. 81).

[7]Vgl. Pleier (2008, S. 11).

Gesetzliche und innerbetriebliche Regelungen sind Leitplanken, innerhalb derer sich eine Führungskraft bewegt. Im Folgenden wird kurz auf drei relevante Elemente eingegangen: das Arbeitszeitgesetz, Tarifverträge und Betriebsvereinbarungen.[1] Diese Regelungen haben einen wesentlichen Einfluss auf die Ausprägung einer leistungsorientierten Führung in Deutschland.

Arbeitszeitgesetz Leistungsmessung steht i. d. R. im direkten Zusammenhang mit zeitlichen Vorgaben, die sich allerdings in den Rahmen der gesetzlichen Arbeitszeit einpassen müssen. Der Gesetzgeber gibt ein branchenübergreifendes Basismodell durch das Arbeitszeitgesetz (ArbZG)[2] vor und verfolgt damit drei zentrale Ziele: 1) Es dient dem Schutz der Gesundheit sowie der Sicherheit von Arbeitnehmern, indem es die Höchstgrenze von acht Stunden täglicher Arbeit (in Ausnahmefällen maximal zehn Stunden pro Tag mit einem Zeitausgleich innerhalb der nächsten sechs Monate[3]) sowie Pausen vorgibt. 2) Es stellt somit die Rahmenbedingungen für eine flexible Arbeitszeitgestaltung durch die Unternehmen. 3) Außerdem sichert es die Arbeitsruhe an Sonntagen und staatlich anerkannten Feiertagen.[4]

---

[1]Es arbeiten laut dem Institut für Arbeitsmarkt und Berufsforschung über 50% der Angestellten in einem Betrieb, für den ein Flächentarifvertrag gilt.

[2]Das Arbeitszeitgesetz löste 1993 die Arbeitszeitordnung (AZO) ab und dient der Übertragung der Europäischen Richtlinien 93/104/EG und 2003/88&EG in deutsches Recht. Zuvor war die Arbeitszeit von Beschäftigten v. a. über die Arbeitszeitordnung geregelt.

[3]Oder es dürfen innerhalb der nächsten 24 Wochen im Durchschnitt keine acht Stunden werktäglich überschritten werden. (§ 3, ArbZG), Vgl. Bundesministerium für Arbeit und Soziales (2005, S. 11 ff.).

[4]Vgl. Bundesministerium für Arbeit und Soziales (2015, S. 11).

© Springer Fachmedien Wiesbaden GmbH 2017
L. Bartosch et al., *Ziel- und Leistungsorientierung*, essentials,
DOI 10.1007/978-3-658-16882-7_7

Diese Arbeitszeitgrundnorm kann allerdings durch Tarifparteien an die tatsächlichen, im Unternehmen vorherrschenden Bedingungen angepasst werden.

Tarifverträge Neben Arbeitszeitregelungen üben Tarifverträge u. a. auch Einfluss auf die Höhe und Gestaltung von Löhnen und Gehältern aus, indem sie den Unternehmen beispielsweise Modelle zur leistungsgerechten Bezahlung vorgeben.[5] Besonders in der deutschen Industrie sind die Gewerkschaften seit über 100 Jahren maßgeblich an der Gestaltung der leistungsorientierten Entlohnung beteiligt.[6,7] Sie verfolgen damit drei Ziele: Sie wollen dadurch eine Beschränkung der Leistungsverausgabung und eine Kontrolle der Lohn-Leistungsrelation erreichen. Des Weiteren sollen so zusätzliche Verdienstchancen gesichert und Motivationsanreize geschaffen, zudem Objektivität und Verteilungsgerechtigkeit gewährleistet werden.[8]

Als repräsentatives Beispiel sei an dieser Stelle das seit 2006 in den Bereichen der deutschen Metall- und Elektroindustrie[9] eingeführte Entgeltrahmenabkommen (ERA) genannt. Wesentliche Neuerungen sind die Ausweitung des tariflichen Geltungsbereiches auf die Angestellten sowie die Integration von Zielvereinbarungen.[10] Mit ERA wurde in Baden-Württemberg und Nordrhein-Westfalen ein Stufenwertzahlverfahren zur Leistungsbewertung eingeführt.[11] Es differenziert bis zu fünf Bewertungsmerkmale: 1) Wissen und Können, 2) Denken, 3) Handlungsspielraum und Verantwortung, 4) Kommunikation und ggf. 5) Mitarbeiterführung. Jedes Merkmal ist in mehrere Stufen unterteilt, denen Punktwerte zugeordnet werden, die in der Summe dann die Entgeltgruppe ergeben. Maximal 96 Punkte können erreicht werden, wobei das Merkmal „Wissen und Können" am höchsten gewichtet ist. Um die Bewertung der Arbeitsleistung zu erleichtern, gibt es einen verbindlichen Katalog, der 122 tarifliche Niveaubeispiele enthält.[12] Der Tarifvertrag hat gemäß dem Betriebsverfassungsgesetz

---

[5]Vgl. Hans-Böckler-Stiftung (2015).

[6]Dienstleistungsgewerkschaften (z. B. Verdi) führten die leistungsorientierte Bezahlung ebenfalls ein, sind aber im Umgang damit kritischer als Industriegewerkschaften.

[7]Vgl. Bahnmüller (2012, S. 3).

[8]Vgl. Bahnmüller (2012, S. 18).

[9]Vgl. Statistica (2015).

[10]Vgl. Kratzer, Nies (2009, S. 425).

[11]Weitere Ansätze sind das analytische und summarische System mit qualifikatorischen, verantwortungs- und belastungsbezogenen Merkmalskategorien.

[12]Vgl. Bahnmüller (2011, S. 209 ff.).

Vorrang vor der Betriebsvereinbarung, es sei denn, der Tarifvertrag lässt Ergänzungen durch Betriebsvereinbarungen ausdrücklich zu.[13]

Eine Betriebsvereinbarung[14] besteht zwischen dem Arbeitgeber und dem Betriebsrat und konkretisiert die betriebliche Mitbestimmung für einen bestimmten Gestaltungsbereich. Leistungsorientierte Führung muss Betriebsvereinbarungen berücksichtigen, da diese das Entgeltsystem, Zielvereinbarungen und weitere Themen regeln.[15] Innerhalb dieser rechtlichen Rahmenbedingungen steht einer Führungskraft eine Vielzahl von Konzepten zur Leistungsmessung zu Verfügung, die in Auszügen im Folgenden erläutert werden sollen.

---

[13]Vgl. Klein-Schneider (2005, S. 12).

[14]Es kann zwischen der Rahmenbetriebsvereinbarung und Einzelvereinbarungen (für leitende Angestellte) unterschieden werden. Hier wird die Rahmenbetriebsvereinbarung erläutert.

[15]Vgl. Eyer und Haussmann (2014, S. 110 ff.).

Interventionskonzepte der leistungsorientierten Führung

Interventionskonzepte stellen das Werkzeug für eine leistungsorientierte Führung dar und werden in der Literatur häufig unter dem Begriff *Performance Measurement* zusammengefasst. Sie dienen der Leistungssteuerung, -messung und -bewertung.[1] In den 1980er Jahren begann man zunächst im angloamerikanischen Raum damit, Performance-Measurement-Systeme zu entwickeln, die sowohl monetäre als auch nichtmonetäre Kennzahlen enthielten. Abb. 8.1 zeigt dazu exemplarisch die Entwicklung an Interventionskonzepten aus dem deutschsprachigen Raum, wobei auf das EFQM-Modell und die Methodenlehre des REFA-Verbandes nur übersichtsweise, auf Mitarbeitergespräche, Zielvereinbarungen und Anreizsysteme hingegen detailliert eingegangen wird.

8.1 Leistungsorientierte Führung auf Unternehmensebene

Während die klassische Prozesskostenrechnung ein Steuerungsinstrument für den Wertschöpfungsprozess auf Unternehmensebene ist, kann das EFQM-Modell der European Foundation for Quality Management sowohl auf Unternehmens- als auch auf Mitarbeiterebene eingesetzt werden.[2] Es ist die europäische Antwort auf eine Vielzahl von angloamerikanischen und japanischen Qualitätsmanagement-Modellen und stellt eine Weiterentwicklung des Total Quality Managements dar.

---

[1]Vgl. Pleier (2008, S. 15).

[2]1988 wurde die EFQM von 14 führenden europäischen Unternehmen als gemeinnützige Organisation zur Erreichung von nachhaltiger Unternehmensexzellenz gegründet. Heute hat sie 800 Mitgliedsunternehmen.

© Springer Fachmedien Wiesbaden GmbH 2017
L. Bartosch et al., *Ziel- und Leistungsorientierung*, essentials,
DOI 10.1007/978-3-658-16882-7_8

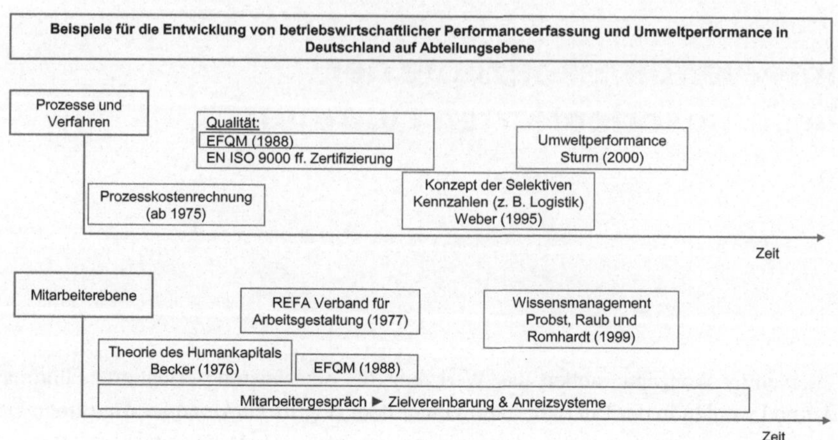

Abb 8.1   Performance-Erfassung und Umweltperformance. (Quelle: Eigene Darstellung in Anlehnung an Hilges 2008, S. 64)

Das Konzept basiert auf der Annahme von Kausalzusammenhängen, nämlich, dass Kunden- und Mitarbeiterzufriedenheit wesentlich durch Unternehmens- und Mitarbeiterführung, Politik, Strategie und den Umgang mit Ressourcen und Prozessen bestimmt werden.[3] Es ist als ein mehrdimensionales Ordnungssystem konzipiert, welches zwischen Potenzialen (im Sinne von Befähigern) und Ergebnissen unterscheidet, die wiederum mithilfe von insgesamt neun Komponenten umrissen werden (vgl. Abb. 8.2). Hierbei sind Führung, Mitarbeiterorientierung und -zufriedenheit drei Komponenten, die sich direkt auf eine leistungsorientierte Führung beziehen. Sie können als Diagnoseinstrument für ein strukturiertes Mitarbeiter-Controlling genutzt werden.

Im Kontext der Leistungsorientierung beinhalten Potenziale das Leistungsverhalten, während die Ergebnisse entsprechend das Leistungsergebnis darstellen. Führung fällt in den Potenzialbereich und beinhaltet Aspekte wie Vorbildfunktion, sichtbares Engagement und Leistungsanerkennung. Die Mitarbeiterorientierung wird ebenfalls dem Bereich Potenzial zugeordnet und umfasst z. B. zielgerichtete Weiterbildung. Im Bereich Ergebnis wird schließlich noch die Mitarbeiterzufriedenheit betrachtet, die für die Motivation zur Leistungserbringung essenziell ist.[4]

---

[3]Vgl. Sandt (2005, S. 429).

[4]Vgl. Scholz (2014, S. 472).

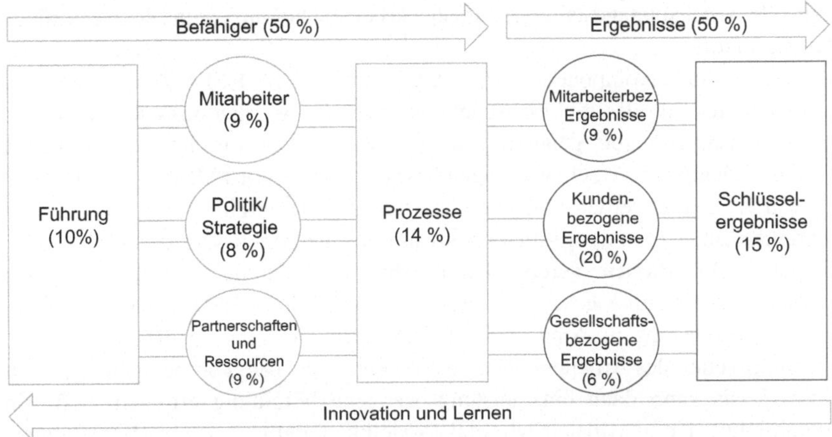

Abb 8.2 EFQM-Modell. (Quelle: Eigene Darstellung in Anlehnung an EFQM 2003, S. 28)

Alle Komponenten können durch die Führungskraft anhand von Checklisten weiter unterteilt und beurteilt werden. Auf dieser Basis kann dann auf den Mitarbeiter eingewirkt werden.

8.2   Leistungsorientierte Führung auf Mitarbeiterebene

Während das EFQM-Modell Mitarbeiterführung nur als Teilkomponente betrachtet, werden nun exemplarisch Konzepte erläutert, die sich direkt auf die leistungsorientierte, gute Mitarbeiterführung fokussieren.

8.2.1   REFA-Zeitstudien

Ein historisch früher, spezifisch deutscher Beitrag zur Leistungsorientierung, waren die Arbeiten des REFA-Verbandes.[5] Der Verband verfolgt das Ziel einer Leistungssteigerung zum Individual- und Unternehmensnutzen durch eine

---

[5]Die Abkürzung REFA stammt noch aus dem ursprünglichen Verbandsnamen von 1924: Reichsausschuss für Arbeitszeitermittlung.

sinnvolle Arbeitsplatzgestaltung, humane Arbeitsbedingungen und wirtschaftliche Arbeitsabläufe.[6]

Eine Methodenkomponente der REFA-Lehre sind die REFA-Zeitstudien, eine Weiterentwicklung des tayloristischen Ansatzes. Sie werden besonders häufig in Produktionsabteilungen genutzt. Leistung wird dabei im direkten zeitlichen Zusammenhang von Arbeitsvorgängen bestimmt. Durch das Messen und Auswerten von Ist-Zeiten werden Sollzeiten ermittelt, mit deren Hilfe dann die Leistung beurteilt wird. [7] Ein Arbeitsablauf wird in einzelne Arbeitsschritte unterteilt, für die Ist-Zeiten erhoben werden. Diese erbrachte Leistung wird in Bezug zur gewünschten Leistung gesetzt. Dabei wird vom REFA-Verband vorgeschlagen, eine Bezugsleistung im Sinne einer REFA-Normalleistung zu nutzen, die auch Erholungszeiten des Arbeiters neben der eigentlichen Tätigkeit beinhaltet.[8], [9] Auf dieser Basis kann dann eine leistungsbezogene Vergütung erfolgen, z. B. ein Akkordlohn. Häufig kritisiert wird das Modell u. a. dafür, dass eine Kurzzeitmessung als Basis für eine langfristige Beurteilung dient.[10]

Dadurch[11], dass die deutschen Gewerkschaften die Vorgabe von Zeiten durch REFA-Aufnahmen und den Akkordlohn akzeptierten, wurde eine Leistungsorientierung in den deutschen Fertigungsbetrieben verankert. Da die REFA-Zeitaufnahmen aber „verhandlungsfähig" waren und in den Großunternehmen „Durchschnittsakkord-Raten" von 140 % der Vorgabe-Zeit als „Besitzstand" vereinbart wurden, erwies sich das Akkordsystem mit festen Zeitvorgaben als zu teuer und zu starr. Es wurde daher in den späten 1980er und 1990er Jahren in fortschrittlichen Fertigungsbetrieben von anderen Konzepten der Incentivierung durch Gruppenarbeit abgelöst. Insbesondere gewannen die aus Japan übernommenen Konzepte der partizipativen und kontinuierlichen Verbesserungsarbeit hohe praktische Bedeutung. Durch sie wurden die durch den Akkord verfestigten Leistungsgrenzen dadurch überschritten, dass die Arbeit vereinfacht und Arbeitshemmnisse beseitigt wurden.

---

[6]Vgl. Hilges (2008, S. 13).

[7]Vgl. Hilges (2008, S. 13).

[8]Vgl. REFA (1978, S. 136).

[9]Dem REFA-Verfahren ist durch das in den USA entwickelte Verfahren MTM (Method Time Measurement – mit analytisch ermittelten Zeitvorgaben pro Tätigkeit) ein fortschrittliches Wettbewerbskonzept erwachsen.

[10]Vgl. Hilges (2008, S. 13).

[11]Die nachfolgenden Bemerkungen sind eine Ergänzung der Ausführungen der Verfasser durch die anekdotische Erfahrung des Betreuers der Arbeit, H. Kormann.

Erst wenige, fortschrittliche Unternehmen haben Projekte, in denen diese Ansätze zur Arbeitsorientierung im Fertigungsbereich auf die Arbeitsprozesse in den Büros übertragen werden. In diesen Bereichen der Angestelltenpositionen spiegelt sich die Spannung zwischen Leistungsorientierung und Mitarbeiterorientierung vor allem in der Ausgestaltung der Führungsgespräche und der hierbei eingesetzten Instrumente wider.

8.2.2 Mitarbeitergespräche und Zielvereinbarungen

Das Mitarbeitergespräch ist ein essenzielles und verbreitetes Instrument der leistungsorientierten Führung. Es stellt ein „wichtiges Verständigungsmittel zwischen dem Vorgesetzten und seinen Mitarbeitern" dar.[12] Ziel ist es, die gesamte Leistung des Mitarbeiters zu besprechen, d. h. den Mitarbeiter richtig zu beurteilen, zu motivieren, zu informieren und die Bedürfnisse des Mitarbeiters zu erkennen. Entsprechend integriert das Gespräch auch gemeinsame Überlegungen zur beruflichen Weiterentwicklung des Mitarbeiters.[13]

Angesichts ihrer hohen Bedeutung für Mitarbeitermotivation und Unternehmensklima sollten Mitarbeitergespräche regelmäßig (i. d. R. jährlich) und sehr verantwortungsbewusst durchgeführt werden.[14]

Vorbereitend für das Mitarbeitergespräch ist eine Leistungsbeurteilung notwendig, bei der die individuellen Leistungen des Mitarbeiters anhand eines Soll-Ist-Vergleichs gemessen werden.[15] Oftmals werden – soweit möglich – standardisierte Verfahren zur Leistungsbeurteilung verwendet, um die Objektivität des Verfahrens zu unterstützen. Hier werden vier gängige Verfahren in der Literatur beschrieben: die freie Eindrucksschilderung, Aussagelisten, Rangordnungsverfahren (summarisch) und Einstufungsverfahren (analytisch).[16]

Bei der freien Eindrucksschilderung sammelt der Vorgesetzte alle Eindrücke, die er über das Verhalten, die Eigenschaften, die Leistung und die Motivation des Mitarbeiters beobachten und feststellen konnte. Skalen werden hierbei nicht zur Bewertung verwendet. Es werden lediglich qualitative Aussagen zur Charakterisierung des Mitarbeiters gesammelt.

---

[12]Mentzel (2000, S. 9).

[13]Vgl. Simon (2009, S. 140 f.).

[14]Vgl. Pleier (2008, S. 28).

[15]Vgl. Pleier (2008, S. 29).

[16]Vgl. Pleier (2008, S. 29).

Bei der Bewertung mithilfe von Aussagelisten werden Mitarbeiter durch standardisierte Aussagen beurteilt. Der Vorgesetzte muss dann entscheiden, ob die Aussage auf den Mitarbeiter zutrifft oder nicht[17].

Bei summarischen Verfahren wird die Gesamtleistung des Mitarbeiters in Relation zu der seiner Kollegen gesetzt. Es werden feste Kennzahlen bestimmt, aus denen ein Ranking generiert wird (Rangordnungsverfahren). Dies soll eine Vergleichbarkeit zwischen den Mitarbeitern ermöglichen.

Analytische Verfahren bewerten die Leistung eines Mitarbeiters individuell (Einstufungsverfahren).

In Deutschland werden vermehrt analytische Verfahren verwendet, jedoch verstärkt um summarische Ansätze erweitert. Weiterhin finden zunehmend 180- und 360-Grad-Feedbacks Anwendung in der Praxis. Das ist ein weiterer Versuch, die Mitarbeiterbeurteilung so objektiv wie möglich zu gestalten. Bei der 180-Grad-Beurteilung fließt nicht nur die Einschätzung der Vorgesetzten mit in die Bewertung der Leistung ein, sondern auch die der Kollegen. Die 360-Grad-Beurteilung berücksichtigt neben den Vorgesetzten und Kollegen noch weitere Anspruchsgruppen, wie etwa unterstellte Mitarbeiter sowie interne und externe Geschäftspartner.[18]

Zielvereinbarungen mit dem Mitarbeiter für einen bestimmten Zeitraum sind ein weiteres wesentliches Element des Gespräches. Dabei werden qualitative und quantitative Messgrößen für kommende Leistungen vereinbart. Diese werden dann während des gesamten Jahres immer wieder überprüft und gegebenenfalls angepasst.[19] „Der Hauptzweck einer Zielvereinbarung besteht in der Ausrichtung der Leistungsanstrengungen der Mitarbeiter auf die Unternehmensstrategie, der Abstimmung von individuellen und Unternehmenszielen, der Sicherstellung von Klarheit und Verbindlichkeit der Ziele sowie der Motivation der Mitarbeiter".[20] Außerdem erhalten Mitarbeiter durch Zielvereinbarungen Informationen darüber, welches Leistungsverhalten von ihnen erwartet wird. Weiterhin fördert die Vereinbarung von Zielen die Transparenz im Unternehmen.[21] Darüber hinaus sollen Ziele strukturiert formuliert werden.

Das sowohl in der englisch- als auch in der deutschsprachigen Literatur bekannteste Prinzip zur Zielformulierung ist das SMART-Prinzip. Demnach muss

---

[17]Vgl. Blickle (2014, S. 276–279).

[18]Vgl. Pleier (2008, S. 29).

[19]Vgl. Simon (2009, S. 141).

[20]Pleier (2008, S. 30).

[21]Vgl. Eberle und Racky (2004, S. 22).

ein Ziel klar und deutlich formuliert (spezifisch) und messbar sein. Es sollte stets eine Herausforderung für den Mitarbeiter darstellen, dabei aber realistisch und erreichbar bleiben (akzeptiert). Außerdem muss es auf die Unternehmensziele abgestimmt sein (relevant). Zudem ist eine zeitliche Terminierung nötig (terminiert).[22]

Zielvereinbarungen oder auch das Führen mit Zielen ist in der deutschen Literatur vor allem unter dem Begriff „Management by Objectives" bekannt. Diese Führungstechnik wurde 1954 von Peter Drucker entwickelt und in die Managementlehre eingeführt.[23]

8.2.3 Anreizsysteme

Ein weiteres Instrument der leistungsorientierten Führung auf Mitarbeiterebene ist die Implementierung eines ganzheitlichen Anreizsystems. Anreizsysteme umfassen die „Summe aller Anreize, die den Beschäftigten eines Unternehmens angeboten werden, um ihre Leistungen zu erhalten oder zu steigern und ihren Verbleib im Unternehmen zu sichern".[24] Durch sie können folglich gewünschte Verhaltensweisen des Mitarbeiters hervorgerufen, negative Verhaltensweisen eliminiert und die Leistungsbereitschaft der Mitarbeiter beeinflusst werden.[25] Es werden also für die Mitarbeitermotivation Anreize durch Belohnungen geschaffen, statt Verhaltensregeln aufzustellen. Diese Anreize und Sanktionen sollten möglichst an die Bedürfnisse des Mitarbeiters angepasst werden.[26]

Ein Anreizsystem kann mehrere Elemente umfassen. Diese lassen sich in zwei Gruppen einteilen, die unterschiedliche Motivationswirkungen bei den Beschäftigten hervorrufen können: materielle und immaterielle Anreize. Nicht alle Anreize können exakt einer Kategorie zugeordnet werden. Wird man beispielsweise befördert, so ist dies in erster Linie ein immaterieller Anreiz. Jedoch ist damit auch meistens ein monetärer Anreiz wie eine Gehaltserhöhung verbunden.[27]

---

[22]Vgl. Hettl (2013, S. 97–98).

[23]Vgl. Eberle und Racky (2004, S. 22).

[24]Gmür und Thommen (2006, S. 113).

[25]Schreyer (2007, S. 252 ff.).

[26]Vgl. Pleier (2008, S. 32).

[27]Vgl. Gmür und Thommen (2006, S. 115).

Grundsätzlich können materielle Anreize in zwei Kategorien unterteilt werden. So gibt es materielle Anreize, die frei verwendbar oder gebunden sind. Bei frei verwendbaren Anreizen handelt es sich um Leistungen, die nach der Auszahlung zur beliebigen Verfügung des Mitarbeiters stehen. Bei gebundenen Geldleistungen ist die weitere Benutzung für den Mitarbeiter nur beschränkt möglich, wie z. B. bei Kapitalbeteiligungen (Belegschaftsaktie), Versicherungsleistungen und Leistungen in Form von Naturalien (Betriebskantine, Betriebskindergarten).[28]

An dieser Stelle soll speziell auf das Konzept der leistungsorientierten Vergütung näher eingegangen werden. Bei diesem findet die Entlohnung anhand der individuellen und persönlichen Leistung der Mitarbeiter statt (Pay for Performance).[29] Durch die Einführung der leistungsorientierten Vergütung sollen zusätzlich monetäre Anreize für die Mitarbeiter geschaffen werden, um übergeordnete Betriebsziele wie Steigerung der Produktivität und Effizienz, Steigerung der Kundenzufriedenheit, Prozessoptimierung und Qualitätssteigerung zu erreichen.[30]

Es gibt verschiedene Ausgestaltungsformen, die Unternehmen für das leistungs-und erfolgsorientierte Entgelt nutzen können. Zum einen ist der Akkordlohn zu nennen. Dies ist eine relativ alte Form des Leistungslohnes. Das Entgelt richtet sich hier ausschließlich nach dem mengenmäßigen Arbeitsergebnis (vergleiche Abschn. 8.2.1 REFA-Zeitstudien). Eine weitere Möglichkeit ist der Prämienlohn, welcher sich aus dem Akkordlohn entwickelt hat. Bei diesem ist nicht das Zeit-Mengen-Verhältnis das ausschlaggebende Kriterium. Stattdessen werden Kriterien belohnt, wie z. B. die Qualität (Anteil fehlerhafter Stücke), die Materialersparnis, die Termintreue und die Effektivität. Einen weiteren monetären Anreiz stellt die Provision dar. Diese wird vor allem an Mitarbeiter gezahlt, die im Verkauf oder im Vertrieb arbeiten, also in engem Kontakt zu den Kunden stehen (Verkauf, Kundendienst etc.). Mögliche Kriterien für die Provisionszahlung sind beispielsweise der Umsatz oder die Neukundengewinnung. Auch Jahresprämien, Bonuszahlungen und Tantiemen sind als Möglichkeiten der leistungsorientierten Vergütung zu nennen. Hierbei geht es vor allem um den individuellen Leistungsanreiz.[31]

---

[28]Vgl. Gmür und Thommen (2006, S. 116).

[29]Frey und Osterloh (2000, S. 64).

[30]BTQ Kassel (2008, S. 6).

[31]Vgl. Klein-Schneider (1999, S. 67–94).

In der Praxis wird immer seltener ein fixer Grundlohn bezahlt, sondern auf variable Vergütungsmodelle zurückgegriffen.[32] Die Grundkonzeption einer leistungsorientierten Vergütung liegt auch dem ERA-Tarifeinstufungssystem der Metallindustrie zugrunde. An dieser Stelle kann nicht weiter auf die Praxisbeispiele eingegangen werden, jedoch ist der Sammelband „Leistungsorientierte Vergütung. Herausforderungen für die Organisations- und Personalentwicklung. Umsetzung und Wirkung von Leistungsentgeltsystemen in der betrieblichen Praxis", den Bettina Dilcher und Christoph Emminghaus herausgegeben haben, sehr zu empfehlen.[33]

Das Konzept „Pay for Performance" ist auch durchaus kritisch zu beleuchten. Theoretische Ansätze und empirische Untersuchungen machten deutlich, dass „Pay for Performance nur bei einfachen Tätigkeiten und für Personen, die ausschließlich an Gelderwerb interessiert sind, zur erwarteten Leistungssteigerung führt".[34] In Unternehmen gibt es jedoch viele Arbeitsplätze, an denen die Mitarbeiter nicht nur am Einkommen interessiert, sondern auch intrinsisch motiviert sind. Diese intrinsische Motivation kann durch einen zu extensiven Einsatz von leistungsorientierter Vergütung verdrängt werden (Verdrängungseffekt).[35]

Immaterielle Leistungen sind „Leistungen, die das Unternehmen ohne Zusatzaufwand im Rahmen des Normalbetriebs zur Verfügung stellen kann und die aktuellen Bedürfnisse der Beschäftigten befriedigen".[36] Vorgesetzte haben die Möglichkeit, verschiedene immaterielle Anreize für ihre Mitarbeiter zu schaffen. Zum einen können Sicherheitsanreize gesetzt werden. Diese umfassen z. B. eine im Vertrag festgehaltene Beschäftigungssicherheit oder eine Leistungsbestätigung im Rahmen von Feedbacks. Durch eine verstärkte Teamkultur kann ein Unternehmen soziale Anreize setzen. In diese Kategorie fallen ebenfalls bestimmte Privilegien, die ein Unternehmen anbieten kann, wie z. B. der Zugang zu exklusiven und sozialen Kreisen (Klubs). Des Weiteren spielen auch Statusanreize eine entscheidende Rolle bei der Schaffung immaterieller Anreize. Diese Anreize können durch die Vergabe von Titeln oder Auszeichnungen an die Mitarbeiter geschaffen werden. Weiterhin ist auch das Setzen von Selbstverwirklichungsanreizen ein

---

[32]Vgl. Frey und Osterloh (2000, S. 64).

[33]Vgl. Dilcher und Emminghaus (2010).

[34]Frey und Osterloh (2000, S. 64).

[35]Vgl. Frey und Osterloh (2000, S. 64–67).

[36]Gmür und Thommen (2006, S. 117).

fruchtbarer Ansatz.[37] Diese umfassen das Schaffen von Rahmenbedingungen, die „dem Einzelnen die Möglichkeit zur (bezahlten) Realisierung eigener Ideen und Visionen"[38] bieten. Dazu gehören auch Fort- und Weiterbildungsmöglichkeiten für die Mitarbeiter. Bei Machtanreizen handelt es sich darum, Mitarbeitern Verantwortung zu übertragen, die dann so ihre eigenen Vorstellungen durchsetzen können.[39]

Bei der Gestaltung und Implementierung eines Anreizsystems sollten gewisse Faktoren und Anforderungen beachtet werden. Zum einen muss sichergestellt werden, dass die Anreize so ausgewählt wurden, dass sie verhaltenssteuernd und leistungserhaltend bzw. steigernd auf die Mitarbeiter einwirken. Zum anderen sollten Vorgesetzte darauf achten, dass eine nachvollziehbare Verbindung zwischen den Anreizen und den Bezugsgrößen sichergestellt ist. Die Bezugsgrößen bilden meistens die Resultate der Leistungsbewertung und/oder der Zielvereinbarung.[40] Des Weiteren muss das Anreizsystem an die Personalpolitik, die Organisationsstruktur und die Unternehmenskultur angepasst sein, also gut in das Gesamtsystem integriert werden.[41]

Darüber hinaus gibt es Anforderungskriterien, die bei dem Aufbau eines Anreizsystems zu beachten sind. An dieser Stelle soll nur auf die relevantesten Punkte eingegangen werden. Es ist wichtig, dass sich ein Anreizsystem stets an der Leistung der Mitarbeiter orientiert. Führungskräfte sollten darauf achten, dass die „Ergebnisorientierung nicht zu einseitig ausfällt, da die Leistungsergebnisse sowohl vom individuellen Leistungsverhalten als auch von unternehmensinternen und -externen Leistungsbedingungen abhängen".[42] Es müssen also Umstände, die nicht durch den Mitarbeiter beeinflussbar sind, beachtet werden. Weiterhin muss das Anreizsystem von den Mitarbeitern als gerecht beurteilt werden. Wenn das nicht der Fall ist, kann dies bei den Beteiligten eine negative Motivation hervorrufen, was sich in einer niedrigen Leistungsbereitschaft niederschlägt. Ein weiteres Anforderungskriterium an ein Anreizsystem ist die Transparenz. Es sollte stets nachvollziehbar und durchschaubar sein. Dadurch wird eine objektive Zuteilung von Belohnungen gewährleistet. Als Letztes ist es wichtig, dass das Anreizsystem

---

[37]Vgl. Gmür und Thommen (2006, S. 117).

[38]Gmür und Thommen (2006, S. 117).

[39]Vgl. Gmür und Thommen (2006, S. 117).

[40]Vgl. Pleier (2008, S. 33).

[41]Vgl. Schreyer (2007, S. 265).

[42]Schreyer (2007, S. 261).

auch wirtschaftlich rentabel für das Unternehmen ist. Die Kosten eines Anreizsystems sollten nicht die erzielten Erträge übersteigen.[43]

Zusammenfassend lässt sich sagen, dass ein klug ausgestaltetes Anreizsystem ein gutes und zielführendes Instrument der leistungsorientierten Führung darstellt. Es motiviert Mitarbeiter zu einem gewünschten Leistungsverhalten, das nicht durch intrinsische Motivation erreicht werden kann. Zur klugen Konzeption gehört aber auch, nicht zu viele extrinsische Anreize zu setzen, damit die intrinsische Motivation der Mitarbeiter nicht verdrängt wird.

---

[43]Vgl. Schreyer (2007, S. 261 ff.).

Literaturempfehlungen 9

Für weitere Informationen zum Thema „Leistungsorientierung der guten Führung" sind aus der Fülle von Managementliteratur drei Werke besonders zu empfehlen, wenn man neben einer wissenschaftlich fundierten Einordnung auch Hinweise auf die Praxisrelevanz von Führungskonzepten erwartet.

Die Dissertation von Nils Pleier „Performance Measurement und der Faktor Mensch" bildet eine Bestandsaufnahme im Bereich der Performance-Measurement-Systeme. Sie setzt sich kritisch mit der bisher üblichen Verwendung von Kennzahlsystemen auseinander.

Christian Scholz hat mit seinem Buch „Grundzüge des Personalmanagements" ein umfassendes und leicht verständliches Werk geschaffen. Es überzeugt durch seine theoretische Fundiertheit bei gleichzeitigem Praxisbezug. Besonders hilfreich sind die Themen Mitarbeiterentlohnung, Mitarbeiterführung und Professionalisierung.

Des Weiteren ist das Buch von Walter Simons „GABLERs großer Methodenkoffer – Führung und Zusammenarbeit" als allgemeiner Praxisratgeber zu erwähnen. Dieses Buch bietet viele alltagstaugliche Konzepte und Techniken, auch zur Beurteilung von Mitarbeitern und zur Erarbeitung zweckdienlicher Zielvereinbarungen. Führungsmodelle werden stets mit dem Fokus auf den Mitarbeiter erläutert.

© Springer Fachmedien Wiesbaden GmbH 2017

L. Bartosch et al., *Ziel- und Leistungsorientierung*, essentials,

DOI 10.1007/978-3-658-16882-7_9

Fazit

10

Der deutsche Kulturkreis ist geprägt von einer starken Leistungsorientierung, durchaus im Sinne von Erich Kästners „Es gibt nichts Gutes, außer man tut es". Das spiegelt sich im Führungsstil deutscher Unternehmen wider.[1] Das *Tun* im Sinne einer zielführenden Interaktion mit Mitarbeitern stellt dabei das Herzstück eines guten und leistungsorientierten Führungsstils dar. Staat und Gewerkschaften geben hierfür in Deutschland einen Handlungsrahmen durch das Arbeitszeitgesetz, die Tarifverträge und die entsprechenden Betriebsvereinbarungen vor.

In diesem Zusammenhang kommt der Leistung ein zentraler Stellenwert zu. Als Obergriff von Leistungsverhalten und Leistungsergebnis ist sie zunächst ein hypothetisches Konstrukt. Zur Messung und Beurteilung werden Indikatoren benötigt.

Prüfen Sie die Validität Ihrer Indikatoren zur Leistungsmessung! Da Indikatoren die einzige Möglichkeit zur Leistungsmessung und -beurteilung sind, muss bei ihrer Auswahl stets überprüft werden, ob sie auch tatsächlich erfassen, was erfasst und beurteilt werden soll.

Performance-Measurement-Systeme bieten im Rahmen von Interventionskonzepten Indikatoren an, die Leistung nach quantitativen und qualitativen Kriterien erfassen und so beurteilbar machen. Führungskräfte stehen vor der Herausforderung, aus einer Vielzahl dieser Interventionskonzepte die geeigneten für die jeweilige Situation und Unternehmenskultur herauszufiltern. Jeder Abteilungsleiter erlebt einerseits die Personalführung der Bereichs- oder Unternehmensleitung, wodurch ihm Werte vermittelt und Ziele gesetzt werden. Andererseits ist es seine Aufgabe, diese Ziele als Leistungsziele für die Abteilung und seine einzelnen Mitarbeiter zu übersetzen und die Werte zu vermitteln. Hier bietet sich das

---

[1]Vgl. Brodbeck (2008, S. 35 ff.).

© Springer Fachmedien Wiesbaden GmbH 2017
L. Bartosch et al., *Ziel- und Leistungsorientierung*, essentials,
DOI 10.1007/978-3-658-16882-7_10

EFQM-Modell an. Es stellt zunächst ein Konzept für die Unternehmensführung dar, kann gleichzeitig aber auch als Instrument zur Mitarbeiterführung auf Abteilungsebene mithilfe von Checklisten eingesetzt werden. Für den erfolgreichen Einsatz von Führungsinstrumenten wie Mitarbeitergesprächen mit Zielvereinbarungen und Anreizsystemen sind folgende Punkte gleichermaßen essenziell:

- die Sicherstellung der Validität,
- das Austarieren der Balance zwischen extrinsischen und intrinsischen Anreizen,
- die Beachtung individueller Gegebenheiten und realistischer Vorgaben bei Zielvereinbarungen,

Achten Sie auf die Qualität von Zielvereinbarungen! Zentral für Zielvereinbarungen sind die (individuell angemessene) Ausgewogenheit von extrinsischen Anreizen und intrinsischer Motivation der Mitarbeiter sowie die faktische Erreichbarkeit der geforderten Leistungsziele.

Für die Erreichung der Zielvorgaben bei der unternehmerischen Leistungsorientierung sind die Abteilungsleiter unverzichtbar. Sie bilden eine wesentliche Schaltstelle im unternehmerischen Hierarchiegefüge: Bekannt mit den Zielen und Werten der Unternehmensführung und durch ihre Rahmenvorgaben geprägt, liegt es an ihnen, Ziele für die Abteilungen und Mitarbeiter herunterzubrechen, den Mitarbeitern mithilfe der geeigneten Führungsinstrumente zu vermitteln und die Vorgaben auf diesem Weg umzusetzen. Der Führungsstil eines Abteilungsleiters muss deshalb geprägt sein von hohem Verantwortungsbewusstsein und persönlicher Integrität. Ein intensiver und vertrauensvoller Kontakt zur Unternehmensführung ebenso wie zu den eigenen Mitarbeitern und Kollegen, ist unverzichtbar für seine zentrale Aufgabe.

Machen Sie sich Ihre zentrale Bedeutung als Abteilungsleiter bewusst! Der Abteilungsleiter fungiert als Transformationsriemen für Ziele und Werte der Unternehmensführung.

So hängt die gelingende Umsetzung der Leistungsorientierung seitens der Unternehmensführung wesentlich auch von der Wahl geeigneter Persönlichkeiten für die Position der Abteilungsleiter ab.

Was Sie aus diesem *essential* mitnehmen können

- Verständnis der relevanten Elemente der englisch- und deutschsprachigen Literatur zur leistungsorientierten Führung
- Anschauliche Darstellung des aktuellen Forschungsstands
- Praktische Handlungsempfehlung
- Einführung in den rechtlichen Handlungsrahmen innerhalb Deutschlands

© Springer Fachmedien Wiesbaden GmbH 2017
L. Bartosch et al., *Ziel- und Leistungsorientierung*, essentials,
DOI 10.1007/978-3-658-16882-7

Literatur

Bahnmüller, R. (2011). Neubewertung von (Einfach-)Arbeit durch ERA in der Metall-und Elektroindustrie Baden-Württemberg. *Arbeit, 3*(2011), 206–223.

Bahnmüller, R. (2012). Messen und Messbarkeit von Leistung. http://www.boeckler.de/pdf/v_2012_04_11_bahnmueller.pdf. Zugegriffen: 16. März 2015.

Becker, F. (1998). *Grundlagen betrieblicher Leistungsbeurteilung. Leistungsverständnis und -prinzip. Beurteilungsproblematik und Verfahrensprobleme* (3. Aufl.). Stuttgart: Schäffer-Poeschel.

Bieding, F. (1979). *Stellenbewertung und Personalbeurteilung.* Bad Harzburg: Verlag WWT.

Blake, R. R., & Mouton, J. (1964). *The managerial grid: The key to leadership excellence.* Houston: Gulf Publishing Co.

Blickle, G. (2014). Leistungsbeurteilung. In F. W. Nerdinger, G. Blickle, N. Schaper, & N. Schaper (Hrsg.), *Arbeits-und Organisationspsychologie* (S. 271–289). Heidelberg: Springer.

Brodbeck, F. (2008). Andere Länder, andere Führungskultur. *Upgrade, Management, Macht und Moral, 3*(2008), 27–34.

Bundesministerium für Arbeit und Soziales. (Hrsg.). (2015). Das Arbeitszeitgesetz. http://www.bmas.de/SharedDocs/Downloads/DE/PDF-Publikationen/a120-arbeitszeitgesetz.pdf?__blob=publicationFile. Zugegriffen: 16. März 2015.

Dilcher, B., & Emminghaus, C. (Hrsg.). (2010). *Leistungsorientierte Vergütung, Herausforderung für die Organisations-und Personalentwicklung. Die Umsetzung und Wirkung von Leistungsentgeltsystemen in der betrieblichen Praxis.* Wiesbaden: Springer.

Eberle, A., & Racky, S. (2004). Untersuchung der Akzeptanz von Personal- und Zielvereinbarungsgesprächen. *Mannheimer Beiträge, 1,* 21–27.

EFQM – European Foundation for Quality Management. (Hrsg.). (2003). *Das EFQM Modell für Excellence – Version für Unternehmen.* Brüssel: European Foundation for Quality Management.

Eyer, E., & Haussmann, T. (2014). *Zielvereinbarung und variable Vergütung.* Wiesbaden: Springer.

Fleishman, E. A., & Harris, E. F. (1962). Patterns of leadership behavior related to employee grievances and turnover. *Personnel Psychology, 15,* 43–56.

Fleishman, E. A., Harris, E. F., & Burtt, H. E. (1956). *Leadership and supervision in industry.* Columbus: Ohio State University.

© Springer Fachmedien Wiesbaden GmbH 2017
L. Bartosch et al., *Ziel- und Leistungsorientierung,* essentials,
DOI 10.1007/978-3-658-16882-7

Frey, B. S., & Osterloh, M. (2000). Pay for Performance – Immer empfehlenswert? *Zeitschrift Führung und Organisation, 69*(2), 64–69.

Gmür, M., & Thommen, J. P. (2006). *Human Ressource Management. Strategien und Instrumente für Führungskräfte und das Personalmanagement.* Zürich: Versus.

Halpin, A. W., & Winer, B. J. (1957). A factorial study of thelLeader behavior descriptions. In R. M. Strogdill & A. E. Coons (Hrsg.), *Leader behavior: Its description and measurement.* Columbus: Ohio State University College of Administrative Science.

Hans-Blöcker-Stiftung. (Hrsg.). (2015). So funktioniert das Tarifsystem. http://www.boeckler.de/wsi-tarifarchiv_3396.htm. Zugegriffen: 16. März 2015.

Hauser, F, Schubert, A., Aicher, M., Fischer, L., Wegera, K., Erne, C., & Böth, I. (2008). Unternehmenskultur, Arbeitsqualität und Mitarbeiterengagement in den Unternehmen in Deutschland: Abschlussbericht Forschungsbericht Nr. 18/05: ein Forschungsprojekt des Bundesministeriums für Arbeit und Soziales, Berlin.

Hecker, S. (2011). Führung im Raster des Managerial Grid. *Training aktuell,* 19–21.

Hemphill, J. K. (1949). Situational factors in leadership. *Ohio State University. Bureau of Educational Research Monograph, 32*(xii), 136.

Hettl, M. (2013). *Mitarbeiterführung mit dem LEAD-Navigator.* Wiesbaden: Springer.

Hilgers, D. (2008). *Performance Management, Leistungserfassung und Leistungssteuerung in Unternehmen und öffentlichen Verwaltungen.* Wiesbaden: Springer.

House, R. J., Filley, A. C., & Kerr, S. (1971). Relation of leader consideration and initiating structure to R and D subordinates' satisfaction. *Administrative Science Quarterly, 16,* 19–30.

Institut für Arbeitsmarkt und Berufsforschung. (Hrsg.). (2010). Für jeden zweiten Beschäftigten gilt ein Branchentarifvertrag. http://www.iab.de/de/informationsservice/presse/presseinformationen/tb2009.aspx. Zugegriffen: 16. März 2015.

Judge, T. A., Piccolo, R. F., & Ilies, R. (2004). The forgotten ones? The validity of consideration and initiating structure in leadership research. *Journal of Applied Psychology, 89,* 36–51.

Klein-Schneider, H. (1999). *Leistungs-und erfolgsorientiertes Entgelt. Analyse und Handlungsempfehlungen.* Düsseldorf: Hans-Böckler-Stiftung.

Klein-Schneider, H. (2005). *Betriebs- und Dienstvereinbarungen, Leistungs- und erfolgsorientiertes Entgelt – Analyse und Handlungsempfehlungen* (3. Aufl.). Düsseldorf: Hans-Böckler-Stiftung.

Korman, A. K. (1966). „Consideration", „Initiating Structure", and organizational criteria – a review. *Personnel Psychology, 19,* 349–361.

Kratzer, N., & Nies, S. (2009). Neue Leistungspolitik bei Angestellten – Impulse durch ERA? *WSI Mitteilungen, 62*(2009), 425–431.

Likert, R. (1967). *The human organization: Its management and values.* New York: McGraw-Hill.

Lowin, A., Hrapchak, W. J., & Kavanagh, M. J. (1969). Consideration and initiating structure: An experimental investigation of leadership traits. *Administrative Science Quarterly, 14,* 238–253.

McKee, A., Kemp, T., & Spence, G. (2012). *Management: A focus on leaders.* Boston: Pearson.

Mentzel, W. (2000). *Mitarbeitergespräche: Mitarbeiter motivieren, richtig beurteilen und effektiv einschätzen.* Freiburg im Breisgau: Haufe.

Northouse, P. G. T. S. (1997). *Leadership: Theory and practice*. Thousand Oaks: Sage Publications.

Pfaff, H., Neumann, M., Kuch, C., Hammer, A., Janßen, C., Brinkmann, A., et al. (2009). Grundlagen der Führung. *Zeitschrift für Evidenz, Fortbildung und Qualität im Gesundheitswesen, 103*(2009), 187–192.

Pleier, N. (2008). *Performance-Measurement-Systeme und der Faktor Mensch*. Wiesbaden: Springer.

REFA Verband für Arbeitsstudien und Betriebsorganisation (Hrsg.). (1978). *Methodenlehre des Arbeitsstudiums: Teil 2 Datenermittlung*. München: Hanser.

Sandt, J. (2005). Performance Measurement – Übersicht über Forschungsentwicklung und -stand. *Controlling und Management, 49*, 429–447.

Scholz, C. (2014). *Grundzüge des Personalmanagements*. München: Vahlen.

Schreyer, M. (2007). *Entwicklung und Implementierung von Performance Measurement Systemen*. Wiesbaden: Deutscher Universitätsverlag.

Schriesheim, C. A., & Bird, B. J. (1979). Contributions of the ohio state studies to the field of leadership. *Journal of Management, 2*, 135–145.

Shartle, C. L. (1979). Early years of the Ohio state university leadership studies. *Journal of Management, 5*, 127–134.

Simon, W. (2009). *GABALs großer Methodenkoffer. Führung und Zusammenarbeit* (1. Aufl.). Offenbach: GABAL.

Skinner, E. W. (1969). Relationships between leadership behavior patterns and organizational-situational variables. *Personnel Psychology, 22*, 489–494.

Statistica. (Hrsg.). (2015). Anzahl der Beschäftigten in der deutschen Metall- und Elektroindustrie in den Jahren 1970 bis 2013 (in 1000). http://de.statista.com/statistik/daten/studie/6131/umfrage/anzahl-der-beschaeftigten-in-der-metallindustrie-seit-1970/. Zugegriffen: 16. März 2015.

Stogdill, R. M. (1959). *Individual behavior and group achievement*. New York: Oxford University Press.

Stogdill, R. M. (1963). *Manual for the leader behavior desription questionnaire – form XII*. Columbus: Ohio State University.

Warrick, D. D. (1981). Leadership styles and their consequences. *Journal of Experiential Learning and Simulation, 3*, 155–172.

Yukl, G. A. (2010). *Leadership in organizations*. Upper Saddle River: Prentice Hall.